Oh, wie ist es schön, wenn
Weihnachten ist.
Ich wünschte nur, dass ein wenig
öfter Weihnachten wäre.

– Astrid Lindgren

"Viel mehr gibt es nicht zu sagen!"

Ein Krippenspiel über Flucht, Verantwortung und neue Hoffnung für die Welt

Herausgegeben von Jan Bühlbecker und Lisa Weber, Bochum

1. Auflage, © 2021

Verlag und Druck: Neopubli, Berlin

Bibliografische Information der Deutschen Nationalbibliothek: Die Deutsche Nationalbibliothek verzeichnet diese Publikation in der Deutschen Nationalbibliografie; detaillierte bibliografische Daten sind im Internet über dnb.dnb.de abrufbar.

"Viel mehr gibt es nicht zu sagen!"

Ein Krippenspiel über Flucht, Verantwortung und neue Hoffnung für die Welt

Geschrieben für 10 bis 15 Kinder zwischen 8 und 12 Jahren.

Idee:
Lisa Weber
Jan Bühlbecker

Text:
Jan Bühlbecker

Mitarbeit:
Pfarrerin Monika Vogt
Amelie Walle

Inhalt

Hinführung

Zweimal -
gleich zwei Mal sind Maria und Josef auf der Flucht.

Das erste Mal fliehen sie nur indirekt. Ein Gebot von Kaiser Augustus zwingt sie, obwohl Maria hochschwanger ist und damit eigentlich keine beschwerliche Reise auf sich nehmen sollte, all ihr Hab und Gut zurücklassen, um in Josefs Heimatstadt zu gehen. Würden sie sich der Volkszählung verweigern, würde ihnen Verfolgung und Haft drohen.

Später, nach Jesu Geburt fliehen sie ein zweites Mal. Und dieses Mal richtig konkret: König Herodes will sie töten. Um Jesus, den er fürchtet, weil er glaubt, dass der ihm *seinen* Thron streitet machen würde, umzubringen, lässt Herodes in seinem Herrschaftsbereich sogar alle neugeborenen Jungen umbringen.
Was für eine Grausamkeit! Wie - wenn nicht durch Flucht - soll man sich der entziehen?

Wer Macht hat und anständig ist, hat vor allem eins: Verantwortung.

Doch viel zu oft wird Macht missbraucht.
Nicht nur durch Regierungschefs, die ihre
Untertanen mit Volkszählungen quälen und
um ihren Thron zu sichern, Kinder
ermorden lassen.
Oder solche, die heute Kriege anzetteln und
wenig unterstützend mit den Schwächsten
hier und überall auf der Welt umgehen.
Sondern auch durch uns, uns
Nachbar*innen, wenn wir aufhören,
hilfsbereit und solidarisch mit denen zu
sein, die uns brauchen.

Gerade das hinter uns liegende Jahr lehrt
uns dabei doch einzustehen -
mit unserer ganzen Kraft für Nächstenliebe.

Bislang klingt diese Hinführung nicht
besonders kindgerecht, oder?
Nicht besonders hoffnungsvoll.
Sie macht noch keine Lust auf Weihnachten.

In unserem Krippenspiel aber geht es gleich
um genau das: Um die Perspektive zweier
Kinder, die sich fragen, was eigentlich hinter
der Weihnachtsgeschichte steckt und was
sie mit uns heute verbindet.

Doch nicht nur die beiden Kinder, die gleich zwei ganz neugierige junge Leute spielen, sondern allen Kindern - egal, ob ihre Rollen eher wenig Freude in uns wecken oder uns Hoffnung schenken - danken wir für die gemeinsamen Proben in den letzten Wochen. Genauso wie den Eltern und Geschwistern, den Familien und Freund*innen, die geholfen haben, Texte zu lernen, Kostüme zu basteln -
oder die heute, als die Aufregung kam, Mut zugesprochen haben.

Einander Mut zu sprechen: Das ist etwas wunderbares. Lassen Sie das auf jeden Fall aus dieser Christvesper mitnehmen.
Denn wenn wir miteinander solidarisch sind, dann wird das nächste Jahr hoffnungsfroher und noch besser als dieses - glauben wir daran!

Wir singen noch ein Lied und dann beginnt das Krippenspiel.

Hinführendes Lied: *Maria durch den Dornwald ging*

Szene 1

Kind 1 wirft ein Paar Winterstiefel in die Ecke. Kind 2 steht daneben. Die Mutter kommt genervt hinzu.

Kind 1: „Ich hab aber keine Lust rauszugehen! Können wir nicht zuhause bleiben?"
Mutter: „Aber heute ist doch Weihnachten!"
Kind 2 *(stellt sich neben Kind 1)*: „Eben. Dann machen wir doch am besten sofort die Bescherung!"
Mutter: „Ne, ne, ne - nix da! Das kommt mir gar nicht in die Tüte."
Kind 2 *(grinst)*: „Geschenke kommen ja auch ins Geschenkpapier."
Mutter: „Aber weißt Du denn überhaupt, warum wir uns heute - später - etwas schenken?"
Kind 2 überlegt und schüttelt dann den Kopf
Kind 1: „Ich auch nicht. Aber Du kannst es uns ja erzählen."
Mutter *(guckt auf die Uhr)*: „Na gut, ein bisschen Zeit haben wir ja noch. Auch wenn es dafür eigentlich ja das Krippenspiel gibt.

Setzt Euch und ich erzähle Euch die Geschichte."

Die Kinder setzen sich an den Bühnenrand.

Lied: *Herbei, oh, ihr Gläubigen*

Szene 2:

König Herodes und sein Finanzminister stehen etwas verloren auf der Bühne, die Mutter kommt dazu und hält ein Bobbycar in der Hand.

Die Mutter gibt König Herodes das Bobbycar.
Mutter: „Hier, das brauchst du gleich während der Szene."

Mutter *(wendet sich an den Finanzminister:*: „Und für Dich findet ich auch noch etwas." Die Mutter geht zum Altar und hebt von dort einen Taschenrechner auf, den sie anschließend dem Finanzminister gibt
Mutter: „Hier, der ist für dich."

Die Mutter tritt einen Schritt bei Seite und sieht beide, König Herodes und den Finanzminister an.
Mutter: „Bereit?"
König Herodes und der Finanzminister nicken.
Mutter: „Sehr gut, dann kann es ja jetzt losgehen."

Die Mutter tritt an den Rand und spricht zu ihren Kindern.

Mutter: „Also wir befinden uns in einem Königspalast, bei König Herodes um genau zu sein. Und der wird gleich eine folgenreiche Entscheidung treffen, die unsere ganze Geschichte beeinflussen wird. Passt gut auf!" Die Mutter setzt sich neben die Kinder an den Bühnenrand.

König Herodes sitzt auf einen Bobbycar und fährt über die Bühne.
König Herodes: „Meine beste Pferdekutsche ist auch nicht mehr das, was sie mal war! Sag mal, mein Finanzminister, kann ich mir vielleicht eine neue leisten? Ich war nämlich gestern noch hier einmal um die Ecke im Spielzeugladen, da hab ich ein ganz tolles Pferd gesehen."
Finanzminister *(tippt hektisch auf dem Taschenrechner und guckt dann traurig)*: „Entschuldigung, mein König, aber dafür ist kein Geld da."
König Herodes: „Kein Geld da? Was kann ich denn dann machen?"
Finanzminister: „Naja, also manche Könige verdienen ihr Geld mit Steuern, aber..."
König Herodes: „Aber?"
Finanzminister: „Naja. Damit wir die Steuern erhöhen können, müssten wir erstmal

wissen, wie viele Menschen hier bei uns leben."

König Herodes: „Du meinst, ich sollte meine Untertanen zählen?"

Der Finanzminister nickt.

König Herodes: „Okay, das trifft sich. Weil Kasier Augustus hat ja gerade erst eine Volkszählung angeordnet: Dass alle Welt geschätzt wird. Und jeder Mann geht, das er sich schätzen ließe, ein jeder in seine Stadt. Davon kann ich doch profitieren"

Der Finanzminister nickt und geht ab.

König Herodes *(setzt sich auf das Bobbycar)*: „Wir hatten eine gute Zeit, alter Freund."

Dann fährt König Herodes an den Bühnenrand.

Lied: *Macht hoch die Tür*

Szene 3

Mutter *(zu den Kindern)*: „Und dann mussten alle Leute, die damals gelebt haben, in ihre Geburtsstadt gehen. Wisst ihr, wer zum Beispiel?"

Kind 1: „Bestimmt Jesus!"

Mutter: „Fast. Jesus war damals nämlich noch gar nicht geboren, aber seine Eltern, Maria und Josef, für die ging es auf eine weite Reise. Und die war ganz schön beschwerlich, weil Maria zu dieser Zeit hochschwanger war."

Kind 2 *(zeigt den Mittelgang entlang)*: „Guck mal, da kommen sie schon!"

Mutter: „Oh ja, setzt Euch schnell hin, dann seht ihr, wie es weiter geht."

Maria und Josef nähern sich durch den Mittelgang einem anderen Gasthaus.

Maria ist schwach, sie stützt sich auf Josef.

Beide kommen an der Bühne an.

Josef: „Maria, da ist noch ein Gasthaus, dort werde ich es noch mal versuchen."

Maria nickt nur müde.

Josef klopft.

Der Wirt kommt von hinten herbei und macht die Tür auf.

Der Wirt guckt genervt.

Wirt *(mit aggressiver Stimme)*: „Ach, nicht noch einer, komm geh gleich weiter, für Flüchtlinge wie Euch hab ich hier keinen Platz!"

Josef: „Bitte, hör uns doch erst einmal zu. Wir haben einen langen Reise hinter uns."

Wirt: „Ja, was kann ich denn dafür? Das erzählt mir hier jeder. Wie viele Geschichten ich mir schon anhören musste. Dabei habe ich doch pausenlos zu tun."

Josef: „Gute Frau, sei doch nicht so unfreundlich! Schau, meine Frau ist hochschwanger. Sie ist müde und das Kind kann jederzeit kommen."

Wirt: „Tut mir leid, den ganzen Tag über klopfen hier Leute. Die ganze Welt ist unterwegs wegen dieser Volkszählung. Was soll ich machen, alles voll, die Gäste schlafen schon auf dem Flur! Unsere Herzen sind weit, gerade für Familien, aber dieses Haus ist voll. Es hilft wirklich nichts, ihr müsst weiter."

Das Kind des Wirtes ist heran gekommen, nimmt den Wirt an der Hand.

Kind des Wirts: „Vater, können die nicht bei uns im Stall schlafen? Die Frau kann doch nicht weiter. Soll sie ihr Kind auf der Straße zur Welt bringen?"

Wirt: „Im Stall? Hm. Was meint ihr?"

Maria: „Ein Stall? Das ist doch wunderbar! Ein Dach über dem Kopf, Stroh für ein Nachtlager."

Wirt: „Na dann. Von mir aus, wenn es denn wirklich seien muss."

Kind des Wirtes: „Kommt, ich zeige euch den Weg."

Maria, Josef, das Kind des Wirtes und die Wirtin gehen ab.

Die Kinder und die Mutter stehen auf.

Kind 1 *(guckt traurig)*: „Das war aber ja traurig."

Kind 2: „Warum wollte der Mann denn nicht helfen, Mama?"

Mama: „Ich weiß auch nicht. Manchmal sind wir Menschen eben ganz schon kurzsichtig. Und oft dauert es eine Weile, bis uns ein Licht aufgeht."

Lied: *Stern über Bethlehem*

Szene 4

Die Mutter steht mit ihren Kindern vorne auf der Bühne, dahinter sitzen die Hirten.

Mutter: „Und noch in der selben Nacht ist Jesus dann auf die Welt gekommen."
Kind 1: „Und seitdem leuchtet der Stern dort oben, oder?" *(Er zeigt nach oben)*
Kind 2: „Der ist wirklich unglaublich hell."
Mutter: „Ja, genau. So ist es. Aber wisst ihr, wer zuerst von der Geburt Jesu erfahren hat?"
Die Kinder schütteln den Kopf.
Mutter: „Dann dreht euch mal um, dann seht ihr es."
Die Kinder sehen die Hirten an.
Kind 1: „Das sind ja Hirten."
Kind 2: „Aber warum schlafen die?"
Der Engel tritt auf die Kanzel.
Engel: „Weil ich sie erst noch wecken muss. Vielleicht könnt ihr mir dabei helfen?"
Kind 1: „Wir? Dir? Helfen? Wie denn das?"
Engel: „Naja. Im Moment ist es noch ganz schön dunkel. Ich weiß nicht, wie ich sie bei dieser Finsternis aufwecken kann."
Kind 2: „Da können wir helfen." *(Guckt zu Kind 1)* „Wir waren doch letzten erst mit Mama hier am Bahnhof im Baumarkt und

haben eine Taschenlampe gekauft. Komm die holen wir!"

Die beiden Kinder gehen hinter den Altar und holen eine Taschenlampe hervor, die sie dem Engel auf die Kanzel bringen.

Engel: „Ich danke Euch."

Mutter: „Kommt, wir setzen uns. Und schauen, wie es weitergeht."

Die Mutter und die Kinder setzen sich an den Rand.

Auf der Kanzel leuchtet der Engel den Hirten mit einer Taschenlampe ins Gesicht.

Hirte 1: „Ist es schon heller Morgen? Habe ich verschlafen?"

Hirte 2: „Nein, ich sehe es auch und bin nun auch ganz wach. Es ist so hell. Woher kommt dieses Licht? Das macht mir aber Angst."

Engel: „Fürchtet euch nicht! Siehe, ich verkündige euch große Freude, die allem Volk und ganz besonders Euch widerfahren wird: Denn Euch ist heute der Heiland geboren, welcher ist Christus, der Herr, in Betlehem, der Stadt Davids. Genannt wird er Jesus. Und das habt zum Zeichen: Ihr werdet finden das Kind in Windeln gewickelt und in einer Krippe liegen. Da, wo ihr gerade den Stern leuchten seht. Also macht Euch auf und besucht Gottes Sohn!"

Der Engel macht die Taschenlampe aus und geht ab.

Hirte 1: „Ich kann es nicht glauben. Ich weiß gar nicht, was ich denken soll. Hast Du das auch gesehen und gehört?"
Hirte 2: „Vielleicht ist das der versprochene Retter. Kommt, wir machen uns auf den Weg."

Die Hirten gehen durch den Mittelgang ab.

Lied: *Kommet ihr Hirten*

Szene 5

Die Kinder sitzen mit der Mutter am Rand.

König Herodes zählt Spielzeuggeld.

König Herodes: „100, 101, 102 - Sie nur, Finanzminister, das langt locker für ein neues Pferd für meine Kutsche!"
König Herodes kickt das Bobbycar in die Ecke.
Der Finanzminister nickt.

Die drei Könige kommen den Mittelgang entlang gelaufen und bleiben vor der Bühne stehen.
König 1: „Hier muss es sein."
König 2: „Meinst du echt?" *(Er zeigt auf das Bobbycar)* „Ein neugeborener König hat schon sein altes Pferd?"

König Herodes *(sieht die drei Könige und spricht sie an)*: „Wer seid ihr denn und was wollt ihr hier?"
König 1: „Wir kommen aus dem Morgenland."
König 2: „Und heißen…"
König 3: „Caspar."
König 1: „Melchior."
König 2: „Und Balthasar."

Die Kinder werden am Rand unruhig.
Kind 1: „Die kenne ich!"
Mutter: „Psst. Jetzt wird es nochmal richtig wichtig."
Kind 2: „Okay, mal schauen, wie es weiter geht."

König 3: „Wir sind hier um einen neugeborenen König zu besuchen, den Erlöser der Welt."
König Herodes: „Der Erlöser der Welt - damit könnt ihr ja eigentlich nur mich meinen. Ich bin nämlich der König hier.
Finanzminister: „Nur neugeboren bist Du nicht."
König 1: „Das stimmt..."
König 2: „...Neugeboren ist dieser König nicht."
König 3: „Aber der König, den wir suchen, der muss ein neugeborenes Baby sein."
König Herodes: „Ein neugeborenes Baby?"
König 1: „Ja, so steht es geschrieben. Ein neugeborenes Baby wird kommen, Gottes Sohn."
König 2: „Gottes Sohn kommt, um uns zu erlösen."
König 3: „Und um über die Welt zu herrschen."

König Herodes: „Über die Welt zu herrschen? Hm. Das ist eigentlich meine Aufgabe. Und ich teile wirklich ungern." *(Er macht eine nachdenkliche Pause)* „Aber wenn es Gottes Sohn ist - von mir aus."

König Herodes holt das Bobbycar aus der Ecke und gibt es den drei Königen.
König Herodes: „Hier, nehmt das mit und schenkt es dem neuen König. Sucht ihn weiter. Und wenn ihr ihn gefunden habt, dann kommt wieder und berichtet mir, wo er ist, damit ich ihn auch anbeten gehen kann."

König Herodes geht ab.

Die drei Könige drehen sich um und wollen ebenfalls abgehen. Aber der Finanzminister hält sie auf.

Finanzminister: „Wartet ihr drei! Ihr dürft nicht zurückkommen und König Herodes sagen, wo ihr den Sohn Gottes gefunden habt. Sonst wird er losgehen und ihn töten. Unser Erlöser ist in großer Gefahr. Ihr müsst losgehen und ihn warnen."
König 1: „Ist Herodes wirklich so schlimm?"
Der Finanzminister nickt.

König 2: „Dann lasst uns losgehen!"
König 3: „Geschenke haben wir ja auch
dabei: Gold, Weihrauch, Myrre und... ähm..."
Die drei Könige gemeinsam *(während die
das Bobbycar nach vorne halten)*: „Ein altes
Pferd."

Dann gehen sie durch den Mittelgang ab.

Lied: Vom Himmel hoch da komm ich her

Szene 6

Maria und Josef sitzen hinter der Krippe, in der Jesus liegt. Die zwei Hirten knien davor und beten ihn an. Der Wirt und sein Kind stehen neben Maria und Josef und es sieht so aus, als wollten sie sich gleich unterhalten.

Die Kinder stehen mit ihrer Mutter am Rand daneben und schauen zu.

Wirt: „Was für ein wunderbares Kind! Was für ein Leuchten in seinen Augen, was für eine Wärme in seinem Lächeln - ich kann schon spüren, wie dieses Kind die Welt verändern wird!"

Kind des Wirtes: „Und du wolltest sie erst nicht hier haben..."

Wirt: „Da habe ich mich geirrt. Wenn man hilft, kann wirklich großartiges passieren!"

Kind des Wirtes: „Wie doch ein Kind allein, die Welt verändern kann."

Josef: „Das stimmt."

Maria: „Danke, dass wir hier sein dürfen. Es ist alles noch ganz neu und aufregend. Aber ihr seid hier und die Hirten. Was für ein Zeichen, dass Gott die ärmsten und schwächsten zusammengerufen hat, um seine Welt zu errichten!"

Die Kinder werden ungeduldig.

Kind 1: „Mama, Mama!"

Kind 2: „Wir müssen Maria und Josef sagen, dass Jesus in Gefahr ist!"

Kind 1: „Genau, sie dürfen keine Zeit verlieren!"

Mutter *(deutet den Mittelgang entlang)*: „Es sieht so aus, als müsstet ihr das gar nicht."

Die drei Könige kommen an der Krippe an.

Josef: „Wer seid ihr denn?"

König 1: „Wir kommen aus dem Morgenland."

König 2: „Wir haben in den Schriften gelesen, dass wenn ein Stern so hell leuchtet, so wie dieser, über eurer Krippe, dass dann der Retter der Welt geboren ist."

Maria: „Wir nennen ihn Jesus."

König 3: „Und Jesus haben wir etwas mitgebracht."

König 1: „Gold."

König 2: „Weihrauch."

König 3: „Und Myrre."

Josef: „Oh!" *(Er deutet auf das Bobbycar)* „Und dieses Bobbycar zum spielen?"

Die drei Könige gemeinsam: „Das ist ein Pferd!"

Maria: „Wie auch immer. Schön, dass ihr hier seid! Das ist Jesus. Macht es euch gemütlich und seht ihn euch an."
König 1: „Das geht nicht.
König 2: „König Herodes trachtet Jesus nach dem Leben."
König 3: „Ihr müsst fliehen."
Josef: „Kriegt dieser Mann denn nie genug?! Erst zwingt er uns zur Flucht in meine Heimatstadt und jetzt trachtet er auch noch noch unserem Jesus nach dem Leben? Das alles nur, weil er nie genug bekommen kann - nicht genug Geld, nicht genug Macht?!"
Maria: „Beruhige Dich, Josef. Ohne unsere Flucht nach Betlehem hätten wir niemals diese Herberge gefunden. Niemals die Hirten getroffen. Oder die Könige. Natürlich ist das aufregend. Aber ich bin sicher, es wird gut werden."

Alle sehen das Jesuskind glücklich an.

Szene 7

Die Kinder und die Mutter treten nach vorne.

Kind 1: „Mama, hast Du meine Schuhe gesehen?"

Mutter: „Wie kommst du denn jetzt darauf?"

Kind 1: „Na, weil wir in die Kirche wollen."

Kind 2: „Das Krippenspiel gucken. Wir müssen wissen, wie die Geschichte ausgeht."

Mutter: „Wir gehen gleich los. Aber wisst ihr, viel ist eigentlich nicht mehr zu sagen..." (Alle Kinder stellen sich neben sie) „Nur noch das hier...:"

Alle gemeinsam: „...fröhliche Weihnachten!"

Lied: Stille Nacht, heilige Nacht

Besetzung und Rollen

Rolle	Name des Kindes
Mutter	
Kind 1	
Kind 2	
König Herodes	
Finanzminister	
Maria	
Josef	
Wirt	
Kind des Wirts	
Hirte 1	
Hirte 2	
Engel	
König 1	
König 2	
König 3	

Requisiten

- Winterschuhe
- Bobbycar
- Taschenrechner
- Taschenlampe
- Spielzeuggeld
- Krippe
- Präsente, die wie Gold, Weihrauch und Myrre aussehen

Kostüme

- Kostüme für die hier genannten Rollen:
    - Mutter
    - König Herodes
    - Finanzminister
    - Maria
    - Josef
    - Kind des Wirtes
    - Hirten (2x)
    - Engel
    - Könige aus dem Morgenland (3x)

Über die Autor*innen

Jan Bühlbecker ist Autor und Gewerkschaftssekretär. Er wohnt zur Hälfte in Wattenscheid und zur Hälfte im Internet (www.jan-buehlbecker.de, twitter und Mastodon: @jan_buehlbecker, Bluesky: www.jan-buehlbecker.de, Facebook, Threads & Instagram: @buehlbecker, TikTok: @benutzername_jan).

Lisa Weber ist Sozial- und Traumapädagogin. Sie arbeitet in der Kinder- und Jugendhilfe.

Monika Vogt ist Pfarrerin in der Evangelischen Kirchengemeinde Wattenscheid.

Zusammen verantworten sie seit rund 15 Jahren das Krippenspiel in der Friedenskirche zu Wattenscheid.

Danksagung

Wir danken den Krippenspiel-Kindern der Friedenskirche zu Wattenscheid, insbesondere denen im Jahr 2022, sowie allen, die zum Gelingen der Aufführung dieses Krippenspiels beigetragen haben.

Besonders danken wir unseren Familien. Jan denkt in diesem Jahr besonders an seine Oma Gisela

Der Erlös aus diesem Buchdruck geht an die Geflüchtetenhilfe.

Nutzungsbedingungen

Dieses Krippenspiel darf auch von anderen Kirchengemeinden ganz gleich welcher Konfession sowie von Theatergruppen aufgeführt werden, sofern wir als Urheber*innen informiert werden und ebenfalls an einen guten Zweck gespendet wird.

Zeitfracht Medien GmbH
Ferdinand-Jühlke-Straße 7
99095 Erfurt, Deutschland
produktsicherheit@kolibri360.de